Tetsche / Jetzt geht's um die Wurst

JETZT GEHT'S
UM DIE WURST!!!

Statt Vorwort

Worum geht es?
Man könnte sagen:
um die Selbstverwirklichung
des Intellektuellen
in der bundesdeutschen Gesellschaft,
um seinen Versuch,
sich ihrem Druck und Einfluß zu entziehen,
um die Vereinsamung und Entfremdung
des Individuums inmitten unseres Alltags,
um sein Versagen und Scheitern.
Hier werden, könnte man annehmen,
Menschen wie Versuchsobjekte
ihren gegenseitigen Wirkungen
ausgesetzt.

Marcel Reich-Ranicki

Die bildhübsche Angestellte im Reisebüro blätterte im Katalog und gewährte Riebesehl einen solch unglaublichen Einblick, daß er schon jetzt auf Abenteuerreise ging. »Wie wär's mit Bongo-Bongo?« Riebesehl schluckte trocken, lief knallrot an und krächzte: »Und wenn uns einer sieht?«

Zu Tode erschrocken wartet der Kassierer auf das Krachen des Schusses. Aber die 38er in Gathmanns Faust macht nur »klick«. Gathmann errötet, schnippt lässig mit den Fingern, näselt: »Klick-klack, klicke-di-klack!« und steppt ungeheuer elegant in einem furiosen Stakkato aus der Bank.

Er hatte sie damals voller Groll verlassen. War einfach übern großen Teich gegangen, in der Hoffnung, drüben ein besseres Leben führen zu können. Seine eigenen Mücken machen. Nun war er reumütig zu ihr zurückgekehrt, und trotzdem quaaakte sie ihm wieder die Ohren voll, die alte Kröte.

Hauchen Sie mich mal an! Au, au, au! Na, dann wollen wir doch mal blasen, oder wollen Sie lieber'n Fremdwort sagen?« »Lieber'n Fremdwort, Herr Wachtmeister!« nuschelte Opa Scholz. »Wie Sie wünschen. Dann sagen Sie mal: Homöopathie!« »Höm, äh, Hömehoho, Homohööm, hömo-homeo...«

Zuerst waren es die sogenannten guten Freunde, die mich mieden. Dann fing meine Frau an, mich nicht mehr zu ihren gesellschaftlichen Ereignissen mitzunehmen. Ich war am Verzweifeln. Und alles nur, weil ich mal Schwierigkeiten mit Fremdwörtern hatte. Nun warte ich auf Rehahillibilli!

Wo du auch hinsiehst, alle Beziehungen gehen kaputt. Die Leute liegen sich in den Haaren, leben getrennt oder gehen endgültig auseinander. Nur bei uns ist das total anders! Wir beide brauchen uns wirklich!« schwelgte Riebesehl. »Und das schon seit vierzehn Tagen!!!« stöhnte der Pfleger.

Hände hoch! Dies ist ein… äh… sagen Sie mal, wie laufen Sie denn hier herum, Sie altes Ferkel!? Echt kein Schamgefühl! Ein nackter Kassierer! Ich glaub', ich spinne!!! Jetzt arbeiten die mit allen Tricks!« stöhnte Gathmann, faßte sich an den Kopf und taumelte aus der Sonnenbank.

Der Gastwirt zündete die Kerze an. Als das Glas Rotwein vor ihr stand und das Kerzenlicht den Wein wie kostbaren Rubin funkeln ließ, da löste sich ganz von selbst der Bann, der so lange auf der Rosi gelegen hatte. Bann zog sich schnell was über, murmelte: »Nix für ungut!« und trollte sich.

Na, wie fühlen Sie sich?« »Hut! Haba ho hin hich hier?« Der Arzt erklärte es ihm. »Hoppehiert? Hamm Hopf?« Riebesehl blinzelte verwirrt und kratzte sich am Kopf. »Wiewo waff?!?« »Erstens«, erwiderte Dr. Opa Scholz, »hatten Sie nur Weiber im Kopf und zweitens eine viel zu große Klappe!«

Haben Sie denn nichts Preiswerteres?« druckste der Mann verlegen herum. Die Rothaarige im Reisebüro wälzte seit Stunden entnervt den Katalog. »Also: Schön warm soll es sein und dann auch noch spottbillig!« bemerkte sie spitz. »Da hätt' ich was für Sie! Wie wär's mit einem Paar Socken?«

Großer Gott, welch ein Prachtexemplar!« Er wagt kaum zu atmen, langt vorsichtig nach seinem Gewehr und visiert an. Im nächsten Augenblick kracht ein Schuß. Der Förster wankt, dann verschwindet er im Unterholz.»Getroffen, getroffen!!!« jubiliert das Wildschwein und schwenkt sein graues Filzhütl.

Riebesehl taumelte. Solch wahnsinnige Kopfschmerzen hatte er sein Lebtag noch nicht gehabt. Er spürte jeden Knochen; doch am meisten schmerzte sein Schädel nach dem stundenlangen Hacken. Er schwor sich, niemals wieder zum Fasching zu gehen, jedenfalls nicht als Specht!

Das gnädige Fräulein läßt fragen, ob sie heute den Markus reiten darf.« Mamsell Brunhilde schob ihre rundliche Gestalt ganz auf die Tenne und lächelte den Herrn Rittmeister freundlich an. »Markus, Markus!!! Immer nur Markus!« knurrte dieser, »wie wär's denn mal mit einem Pferd?«

Den Strumpf stramm über'm Gesicht, stürzt Gathmann in die Banque de crédit. »Flöppen, aber pö a pö, sonst Rendezvous mit Walther!« »Nix verstän, Monsieur!« »Her mit de Gaulle, äh, mit de Köhl ... ööh ... raus mit de Mööse!« Gathmann stockt, läuft rouge an und macht nonchalant fini.

Weibervolk!«
schimpft Opa Scholz,
»springt einfach auf und verschwindet mir-nix-dir-nix!
Ein Likörchen hat sie mir
weggetrunken, zwei Salz-
stangen fehlen, Chips sind
alle, und ich Idiot zeig' ihr
sogar noch die Sterne, und
zwar einen kompletten
Jahrgang!!! Versteh' einer
die Weiber!?!«

Yvonne hing schwer in seinen Armen. »Bitte schwimm!« flehte er, »noch haben wir Kraft, uns zu retten!« »Ich kann nicht mehr«, gurgelte sie und versank. Mit einem Köpper tauchte er ihr nach und zog sie mühsam an die Oberfläche. Oh, wie er diese Samstage in der Badewanne haßte!

Gläser klirr-
ten, Tische wurden umge-
stürzt. Rollmöpse landeten
klatschend am Rednerpult.
Die Meute bewarf sich mit
Salzstangen, Parmaschinken
und Käsegebäck. Im Saal
kochte es. Wieder einmal
war nicht abzusehen, wer
1. Vorsitzender vom »Club
für gute Tischmanieren«
werden würde!

Ein betagter, klappriger VW rumpelte uns auf von Rost durchlöcherter Karosserie zu einem Gartencafé. Hier war nicht viel los, obwohl es die Junisonne gut meinte. Wir fanden gleich einen leeren Tisch. Kräftig angepackt, mit Schwung rauf auf den Dachgepäckträger und ab ging die Post.

Welch eine Überraschung!!! Sieht das putzig aus!!! Was mag da wohl drin sein? Ich bin ja so gespannt! Darf ich's jetzt schon öffnen? Oder muß ich noch bis Weihnachten ...«
»Mein Gott, Riebesehl«, stöhnte Gati, »kannst du nicht einmal dein Frühstücksei essen wie jeder andere auch?«

Anfangs war es Mona, die kein Wort mehr mit mir sprach, seit sie mich mit Coco, Peters bildhübscher Martinique-Amazone, erwischte. Lola hielt es mit Joko und Buttje sich aus allem raus. Selbst Hansi, Cocos Verehrer, quatschte mich dumm von der Seite an. Geh mir bloß los mit Papageien!

Reizend siehst du aus, Kleines!« Dieses Kompliment schien banal angesichts der aparten Erscheinung Riebesehls. Von graziöser, biegsamer Gestalt, wirkte er in dem duftigen Seidenkleid geradezu elfenhaft, ätherisch. Obwohl es angebrachter gewesen wäre, als Bahner in Uniform zum Dienst zu erscheinen.

Seine Füße waren wie gelähmt, er wollte sich losreißen, doch eine unwiderstehliche Macht ergriff ihn im Genick, wirbelte ihn herum und warf ihn fast zu Boden. Der Kampf war so wild, daß er sich jetzt völlig erschöpft fühlte. Nie wieder, das schwor er sich, wollte er mit Schlachters Frau in den Mai tanzen.

Wolfgang legte die geballte Faust an den Mund, und Heike zuckte erschreckt zusammen, als er den kläglichen Schrei eines sterbenden Hasen nachmachte. Zwei- bis dreimal erklang das jammervolle Quäken, dann erschien ein Eichelhäher auf der Lichtung, tippte sich an die Stirn und verschwand.

Der gute, alte Stadtapotheker traute seinen Augen nicht. Er hatte ja schon viel erlebt, das Ding mit der Apothekerkammer zum Beispiel oder den Zoff neulich in der Drogistenstube, aber was er jetzt sah, fand er echt zum … na ja! Vor seiner Apotheke stand kleckernd ein altes Pferd und kotzte.

Nur undeutlich nahm ich wahr, wie sie erneut auf mich zustürzte und einen Stuhl in die Höhe riß. Diesmal traf sie voll. Es krachte, splitterte und funkelte, bevor ich der Länge nach neben ihrem Flokati hart auf die Fliesen schlug. Und alles nur, weil ich mit Gabi auf das Friedensfest gegangen war.

Jeder trank sein Glas leer, selbst Marion, die sonst immer nur zu nippen pflegte. Der Mund schien hell, und die Häuser lagen wiesowie alle im Bett. Trachwitz sprach in wammen Wortn, mir auch noch ein! wie fein und sennsielbill im grunnde durst Liebe Liebe sssusamm abawassolls!

Gathmann zog die Strumpfhose stramm übers Gesicht, entsicherte die Walther und stürzte in die Bank. »Her midde Mäuwe!« »Mit was?« fragte der Kassierer. »Kiew, Mäuwe!« »Ich verstehe ihn nicht« murmelte der Kassierer. »Pheiff-Phrumpfhowe!!!« fluchte Gathmann und suchte das Weite.

61

Bin ich angeschnallt? Sehr schön! Dann wollen wir mal. So, erst mal vorglühen! Momentchen! Jetzt! Jaaa! Prima!! Läuft ja fabelhaft! So, und jetzt den Gang rein und langsam kommen lassen!« »Mein Gott, Riebesehl!« stöhnte Gati, »kannst du nicht einmal bumsen wie jeder andere auch?«

Zauberhaft! Hinreißend zauberhaft!!« schwärmte er. »Diese fantastisch pralle Rundung!! Dieser außergewöhnliche Mut zur Farbe! Welch ein kühnes Rot!« schwelgte er und legte den Kopf etwas schief. Ein Bild für die Götter: Opa Scholz Aug in Aug mit dem Feuerlöscher der Kunsthalle!

»Wo bist du so lange gewesen?« plusterte er sich auf. »In der Frauengruppe, wo sonst?«. »Frauengruppe, Frauengruppe!«, gackerte er, »Thema: Die Männer wollen immer nur das Eine, stimmt's?« »Du hast ja 'n Ei ab!« konterte sie und flatterte, als ihm der Kamm schwoll, auf die Hühnerleiter.

Den hier in Grau!!« forderte die stämmige Kundin und schleuderte mit zusammengekniffenen Augen den Sakko, der ihr mißfiel, auf den Tresen. »Bedaure sehr!« erwiderte die kleine Verkäuferin, während der Sakko eilig vom Tisch kletterte, »das ist Herr Kortmann, unser Abteilungsleiter!«

Marjellchen, äin Jroschen für äine alte Frau! Ääin Jroschen, bittscheeeen! Bin Flichtling, wäißt?«. »Worauf du dich verlassen kannst!« ranzte die Kassiererin und drückte den Alarmknopf. »Okay, Okay, Vertriebenen-Schicksal!!!« maulte Gathmann, raffte Rock und Walther und trat die Flucht an.

Oh, ihr Stiere seid wirklich das Letzte!« schimpfte Opa Scholz mit hochrotem Kopf. »Von wegen bedächtig, zärtlich, sanft, beschützend, geduldig, großzügig, kumpelhaft, gemütlich!! Ich glaub', ich spinne!!!« keuchte er, rieb sich die Ohren und hetzte mit einem gewaltigen Satz über'n Weidezaun.

Sein Hengst ächzte plötzlich, bäumte sich steil auf und warf ihn fast ab. Buffalo-Bill krallte sich an der Mähne fest. Irgendwas mußte den Gaul erschreckt haben. Zu spät! Energisch packten die kräftigen Arme der Pfleger zu und zerrten Riebesehl von seinem über alles geliebten Schaukelpferd!

Ein höllisches Krachen, Glas splittert, etwas rotes Klebriges spritzt durch die Gegend und landet klatschend auf den Gesichtern der zu Tode erschrockenen Cowboys. Hank Snow, der alte Saufkopp, wischt sich das Zeug aus dem Bart und flucht: »Nie wieder Berliner Weiße mit Schuß!«

Salem alei-
kum«, flötet Riebesehl und
zupft an seinem Turban,
»so des Großwesirs gütiges
Auge auf Euch ruhet, ba-
det Ihr in Smaragden. Und
des Sultans hübscheste
Tochter...« »Entweder zwo-
neunzig Zuschlag«, knurrt
der Schaffner gereizt, »oder
du machst'n Abgang ins
Morgenland!«

Als sie beide den Höhepunkt erreichten, stießen sie gutturale Laute aus. Ekstatisch glitt er auf und nieder und legte den Kopf in den Nacken. Es roch nach verbranntem Gummi. Keuchend und völlig erschöpft lagen sie bäuchlings auf dem Gipfel des Nepal, Reinhold und sein guter alter Rucksack!

Gnä' Frau«, säuselte der Bankdirektor, »nie zuvor habe ich eine so schöne und aparte Frau gesehen wie Sie. Die Frauen, die man sonst hier so kennenlernt, sind gänzlich...« »Is ja gut!« piepste Gathmann, wurde knallrot, zupfte sich die Strumpfhose zurecht und stöckelte eilig von dannen.

Ihre warmen goldschimmernden Augen leuchteten auf. Vergehend vor Verlangen sah er sie an, und ein leises Zittern lief über sie hin. Wie ein Verdurstender riß er sie an sich, schrie gellend auf, sprang empor und stand nun da, mit nasser, stark dampfender Hose, total versaut von heißer Bouillon!

Tupfer bitte!« Ruhig und sehr konzentriert klang die Stimme von Doktor Eimer. Wie immer arbeitete er schnell und sicher. »So, das wär's!« murmelte er und trat zurück. »Hervorragend, Herr Doktor!!« jubelte die Schwester, »der Rotweinfleck auf Ihrem Oberhemd ist so gut wie verschwunden.«

Riebesehl saß blaß auf dem Küchentisch, naschte vom Kompott und brummte still vor sich hin. Putzte sich dann die Arme, flog ins Schlafzimmer und versuchte, den Spiegel zu besteigen. Rutschte ab und fiel derartig hart auf seinen Rüssel, daß er sich schwor, nie wieder Spanische Fliege zu probieren.

Zuerst nahm er das feine, glatte Papier, dann das Kohlepapier und dann die drei dünnen Durchschlagblätter. Seine Finger arbeiteten rasch und routiniert. Er zog die Bogen in die Maschine ein, warf einen Blick aus dem Fenster und tippte: »Zuerst nahm er das feine, glatte Papier, dann das...«

Na, Kleiner!« sagte der Mann grinsend und stellte den Fuß in die Tür. Freds Lächeln erstarb. Er erkannte seinen Fehler sofort. »Hahallo, Brösler!« erwiderte er stockend. Er mußte versuchen, mit der Situation fertigzuwerden. Jetzt schon wieder'n Bausparvertrag abzuschließen wäre ja das Letzte!

93

Der Genetik-Techniker betrachtete den Kontrollmonitor des Patienten. Auf dem Schirm zeigte sich das Bild einer Molekülschablone mit den Gehirnströmen des Mannes. »Pathologisch irreparabel, Typ B/6, leichte Meise«, flüsterte Dr. Vogel, während Riebesehl immer noch glaubte, Blut zu spenden.

Er japst nach Luft und versucht mit aller Kraft, sich aus der tödlichen Umklammerung zu lösen. Erst als er kraftlos die Mopedvollversicherung mit Tagegeld und Insassengleitschutz mit Volldeckung bei erhöhter Nutzlosigkeit unterschrieben hat, lockert Herr Kaiser langsam seinen Würgegriff.

Mit einem Schal dick vermummt stürzte Gathmann in die Bank. »Hämbe hoo um her mippe Mäuwe!« »Waff iff loof!?« nuschelte der Kassierer und rieb sich die Nase.»Mäuwe! Föhe! Faffda!! Capipo!?? Au Mamm, Feiff-Fnupfem!!« schniefte Gathmann und suchte infernalisch niesend das Weite.

Ein dumpfer Knall. Eine grelle Stichflamme schießt in den Himmel. Heißes Metall fliegt durch die Luft. Stinkender, beißender Qualm steht schwarz und drohend über der Unglücksstätte. »Mein Gott, Riebesehl!!!« hustet Gati, »kannst du nicht einmal 'ne Bratwurst grillen wie jeder andere auch!??«

Sei lieb«, gurrte sie und biß mir zärtlich ins Knie, »mach mir den Habermann.«»Den was!??« fragte ich entsetzt. Sie lachte und flüsterte mir etwas ins Ohr. Ich nickte erregt, und was dann geschah, war so unglaublich, daß bis zur totalen Erschöpfung ein Habermann den anderen jagte.

Meter um Meter schob sich der Wagen vorwärts. Es goß wie aus Kübeln. Er neigte sich vor, um etwas besser sehen zu können.»Bei diesem Wetter sollte man eigentlich...« Doch weiter kam er nicht. Von der Sonne stark geblendet, wurde er mit sanftem Ruck aus der Waschanlage ausgestoßen.

Er hoppelt auf die Lichtung, schnuppert und putzt sich die Öhrchen. Dann macht er sich an seinem possierlichen Stummelschwänzchen zu schaffen. Plötzlich wittert er, äugt und entdeckt mich. Riebesehl fängt an zu flöten, hüpft hektisch von dannen und tut so, als wäre überhaupt nichts passiert.

Der schwere Sturm heulte schauerlich und peitschte die grau aufgewühlte See. Gathmann gestikulierte wild mit der Walther, feuerte einen Warnschuß ab und schrie: »Her mit dem Kies!!« Aber nichts tat sich. »Nie wieder«, schwor er sich total durchnäßt, »knöpf' ich mir eine Sandbank vor!«

Es klingelt. »Ja, hier Scholz, was gibt's? …Hallo?!? Is' da wer?!??« Aber es meldet sich keiner. Nur ein feines Ticken ist zu hören. »Ihr Schweine! Das ist 'ne Bombendrohung, das hör ich genau! Wenn ich euch erwische…« Ein Bild des Jammers: Opa Scholz, total übermüdet, mit 'm Wecker am Ohr!

Das erste, was ihm in Helsinki auffiel, war die mörderische Hitze. Es war erst elf Uhr vormittags, und schon jetzt rann der Schweiß aus allen Poren. »Eine verdammte Hitze habt ihr hier!« stöhnte er. »Kein Wunder«, ächzte sein Banknachbar, »das is' nun mal so in einer finnischen Sauna!«

Zuerst blub-
berte es nur leise. Dann
kam das Grollen näher. Die
ersten Gäste verließen
fluchtartig das Ristorante
am Fuße des Vesuv. Der
Lärm schwoll an, und dann
knallte es. »Mein Gott,
Riebesehl!« stöhnte Gati,
»kannst du nicht einmal 'ne
Brause trinken wie jeder
andere auch?«

Die Gräfin ruhte im Liegestuhl. Zu ihren Füßen lag James und schaute mit seiner drolligen Schnauze treuherzig zu ihr auf. Als irgendwann der Schloßherr erschien, blinzelte James nur kurz und knurrte. »Unerhört!!« entrüstete sich der Graf, »Butler sind auch nicht mehr das, was sie mal waren!«

Splitternackt und braungebrannt lag sie nun vor ihm. Sein gieriger Blick tastete ihre Brüste ab und landete auf ihren wohlgeformten Schenkeln. Tief sog er ihren Duft ein. Da war es vorbei mit seiner Selbstbeherrschung. Mit gewaltigem Heißhunger stürzte sich Opa Scholz auf die Pekingente.

I bitt di! Nur no amol tu's mit mir! Laß mi net aloan! Mir zwoa ghörn zsamma! Vorhin hat's do no gfunkt zwischn uns!« Schwer schnaufend lag er unter ihr, der fesche Moosleitner Sepp, aber so sehr er sich auch abmühte, sie kam einfach nicht mehr in die Gänge, seine geliebte alte Zugmaschine.

Heißer, tief brennender Schmerz lag in seinen Augen. Sein Herz schlug kraftlos. Ihre Arme umschlangen ihn fest, als müßte sie ihn schützen. Sie fühlte, wie er erzitterte, wie er matt und gebrochen an ihrer Schulter lehnte. Und das alles nur, weil er diese Woche mit Küchendienst dran war!

Diesmal war Riebesehl gut vorbereitet. Tantalus-Salbe, Ginseng, Spanische Fliege, Muira Puama, Glücksan, Yohimbim, Austern und reichlich Sellerie. Als Leila dann um Mitternacht endlich kam, explodierte Riebesehl, und alles, was von ihm übrigblieb, war ein kleines Häufchen Asche.

Wie eine Vision sah er das Gesicht, das sich mit verlangendem Ausdruck über ihn beugte, wie in einem süßen, beseligenden Traum blickte er in die blauen Augen, und da hingen diese beiden Augenpaare ineinander, als wollten sie nie mehr voneinander lassen. »Ihren Führerschein bitte!«

Angetan nur mit einem Hemdelein vom allerfeinsten Linnen, hüpfte eine zierliche Gestalt an den Schalter, machte artig einen Knicks, lupfte das Röcklein und piepste: »Laß prasseln!« Als der Kassierer brüllte: »Raus, du Schwein!«, begriff Gathmann, daß es an der Sterntaler-Nummer noch einiges zu tun gab.

Woran liegt es eigentlich«, säuselte die Klatschkolumnistin und hielt dem Bühnenautor das Mikrofon direkt vor die Lippen, »daß Ihre Stücke sich deutlich von anderen abheben, indem sie eine gigantische Überlänge aufweisen?«»Da Da da da das das ist ist ga ga gaga gaga ganz ganz aa einfach einfach!«

Der alte Mann taumelt, rudert wild mit den Armen, greift ins Leere und schlägt lang hin. Rappelt sich wieder auf, steht völlig schräg auf seinen Beinen, torkelt und geht erneut zu Boden. Immer und immer wieder. Ein Bild des Grauens: Opa Scholz Aug in Aug mit dem Schiefen Turm von Pisa!

Graf Gernot steht auf und blickt hinaus in die kalte, sternbeglänzte Winternacht. Er öffnet die Verandatür und läßt den eisigen Luftzug seine erhitzten Schläfen kühlen. Verzweifelt versucht er seine große, heimliche Liebe zu begraben. Vergebens!! Der gefrorene Boden ist hart wie Beton!

Wollen wir den Tannenbaum schmük-ken?« rief Zweigstellenleiter Ditters. Alle stimmten zu.»Die Tanne paßt nicht in den Ständer«, stellte der Kassierer fest. »Moment«, rief Ditters, »holt mal die Axt!« »Ihr Schweine, ihr!« fluchte Gathmann, als Tanne verkleidet, und rauschte von dannen.

Ein Glitzern und Funkeln. Während Jupiter Merkur kreuzte, mischten sich die Posaunen von Jericho in den Jubel der himmlischen Heerscharen ein. Alles war Klang! Nie zuvor, in seinem ganzen Leben, hatte Opa Scholz mit solch einer Inbrunst ein Nudelholz auf die Glocke bekommen.

Erstickender Qualm drang ihm entgegen. Lichtblitze zuckten vor seinen Augen, und die darauffolgende Detonation schlug ihm wie ein gewaltiger Hammer auf seine Ohren. Sollte dies das Ende der Welt bedeuten? Dabei hätte er wissen sollen, daß man so seit alters her das neue Jahr begrüßt.

Sein heißer Blick sog sich fest an der sieghaften Schönheit ihres kupferfarbenen Gesichtes. Er sah, wie ihr Herz vor Aufregung höher schlug, wie die feinen, durchsichtigen Flügel der edelgeformten Nase leise vibrierten. Die Detonation ihres Niesens zerriß die harmlose Stille der Nacht.

Herausgeber: Klaus Liedtke
Programmleitung: Dr. Manfred Leier
Graphische Gestaltung: Tetsche
Verlagsleitung: Peter Schlickenrieder
Produktion: Bernd Bartmann, Druckzentrale G + J
Satz: Alster-Lichtsatz GmbH, Hamburg
Lithographie: Offset Repro Team, Krefeld
Druck: Paderborner Druck Centrum, Paderborn
© STERN-Buch im Verlag
Gruner + Jahr AG & Co, Hamburg
1. Auflage 1989
ISBN 3-570-03338-4